TEZOZOMOC

I am not your Chihuahua / No soy tu Chihuahua

Chicanx philosophical and literary epistemologies.
Epistemologías filosóficas y literarias chicanxs.

AMOXCALCO

Amoxcalco publisher can be reached at https://www.amoxcalco.com. All other questions can be directed to the author Tezozomoc@duck.com

First edition

ISBN: 979-8-9871762-0-7

Cover art by Tezozomoc
Illustration by Tezozomoc
Editing by Tezozomoc

This book was professionally typeset on Reedsy.
Find out more at reedsy.com

Dedicated to all the Chicanx writers and poets that have been subjected to leaky semiotic regimens of appropriation.

Dedicado a todos los escritores y poetas chicanx que han sido sometidos a regímenes semióticos de apropiación con fugas.

Anonpehua noncuica, ni Macuilxochitl, zan noconahuiltia o a in ipalnemoa, in macon- netotilo -ohuaya, ohuaya! (Raise my songs, I, Macuilxochitl, with them I bring joy to the giver of life. So, begins the dance! / Levanto mis cantos, yo, Macuilxochitl, con ellos le traigo felicidades a dador de vida. Asi, empieza la danza!)

—Macuilxochitzin (1435)

Contents

Preface   ii

Acknowledgement   iii

I   in English / en Inglés

Street Stray   3

Puttering Pup   5

Parvo Pets   8

Whelping Wetbacks   13

Mythic Mammals   18

Guttural Glossia   25

Radical Rabies   29

II   en Español

Perro Callejero   45

Cachorro Juguetón   47

Mascotas Parvosas   50

Majados Paridos   55

Mamíferos Míticos   60

Glosia Gutural   67

Rabia Radical   71

About the Author   84

Also by Tezozomoc   86

Preface

Chicanx literary analysis has always been an extension of the reductive process of appropriation. The literary continued colonial program of taking quality of the event, deploying the apparatus of linguistic categories and their semiotic slippage to incorporeally create quantity which lends itself to disposition. Arizona's SB 1070 introduced a leaky regime of semiotic quasi-personhood based on triggered difference based on biological physical features (quality) and subjects the detainee to a semiotic regimen that must render then as a quantity of "legal" vs. "illegal". Based on that determination the subject is released or deported to origin of birth. Therein lies the apparatus of capture and disposition for Chicanx literary work.

Prefacio

El análisis literario chicanx siempre ha sido una extensión del proceso reductivo de apropiación. El programa literario colonial continuado de tomar cualidad del acontecimiento, desplegando el aparato de las categorías lingüísticas y su deslizamiento semiótico para crear incorporalmente la cantidad que se presta a la disposición. La SB 1070 de Arizona introdujo un régimen con fugas de cuasi-persona semiótica basado en la diferencia desencadenada basada en características físicas biológicas (cualidad) y somete al detenido a un régimen semiótico que debe representar una cantidad de "legal" versus "ilegal". Con base en esa determinación el sujeto es liberado o deportado al lugar de nacimiento. Ahí radica el aparato de captura y disposición para la obra literaria chicanx.

Acknowledgement

In memory of **Donna Snyder**, legal activist and tireless advocate of Chicanxs people.

Reconocimiento

En memoria de Donna Snyder, activista legal y defensora incansable del pueblo Chicanxs.

I

in English / en Inglés

Street Stray

I am not Joaquin, Jose, Tiburcio, Elano, or Max Camelo.
Soy tu pinche tlalollinqui (shifts) and rompedorro nightmares.
I am all the Latin names the Spaniards did not want.
The ugly ones, found on those "carniceria" yearly calendars
with Greco-roman baroque art from Caravaggio;
that mami brought home con las "groserías".

You 'member? Pendejo. The ones with the saint's names.
When they told you, you got to celebrate twice a year.
One name, from some pobre progetinidor and one to save your soul.
The forgotten saints of the past
San Jasmeo, San Casteabro,
San Goloteas de las Campanas.
You 'member el cura that offered you
un gansito and a coca, San Buto el Grande.

I am not "El Chico temido del vecindario"
Not looking for gaps, ni pinche puentes.

Nor 'Chente trying to "Volver, Volver",
trying to go back to some mythic propaganda.
I am a rabid perro, babosiando in your 'hood.

I am not your trans-border-crossing post-moderno
post-colonialists chavorruco
Soy un pinche "chinga tu madre" bluesman
from the migratory delta of your
abjections tainted with your incarnate desires.
I am Simon Tolomeo
the trickster "pissing boy" of the Northern tribes.

I am el Coyotero, Lupe Lastes.
Mauyandote a Rebeca Gando.
I am not looking for Grounding,
this is my pissing territory, buey.
I am not your dialectical other,
I am in no need of your dialectical behavioral treatment;
Puto, I want to live...

Puttering Pup

> "Both decolonization and abolition are not simply seeking an end
> result. Instead they are continuous creative processes: an imagining
> of life beyond prisons and the theft of land."
> — *Charles Sepulveda*

I am not Demetrio Sacarías Saturnino Fajardo,
nor meterlo sacarlo sacudirlo y guardarlo.
My puttering pats didn't begin in 1960, nor 1970;
we have been Cuecuech-cuicando since pre-Cauuhtemoc times.
Just like the name says, the tickling songs, of poetry, eroticism;
of the double meaning.
This xolotl itzcuintli has been around
since the Tenochca of Tenochtitlan.

This pup pees on your diversity
and deficiency of critical terrains.
We are not sniffing out
a lineage straight into Malitzin's panocha.
We have been littered by 25 million
not by a specular drop of Iberian DNA.

"We are changed into the grass of springtime;
Our hearts will grow green again
And they will open their petals,
But our body is like a rose tree:
It puts forth flowers and then withers."
　　—dia de los muertos poem

We are not a diaspora people
We are on our homelands,
on occupied territory.
We demand more than land acknowledgments.
We demand deeds, simple fees,
joint tenancy, tenancy in common,
tenants by entirety,
Sole ownership,
and community property.

This pup will mark territory
with the only non-violent means left;
that have yet to be stripped and occupied;
our own personal pollution.

We are Cynomys Mexicanus
we have been eating through
the gypsum sediment of the Pleistocene
making tortillas since then.

We have been close to Tlazolteotl
The ancient eater of filth and excrement.
who you all affectionately call "mother earth".

I am not Juan, melon y tierra
nor the one que te lo en tierra.

This perro is not your American excrescences
I am not poorer, more primitive
or hegemonic.
I am not 'yo cheese.
I am beyond selfsame, self-identity,
double conscious, folkloric,
post-pendejo, post-influencer,
neo-nacoista, retro-tendentious,
mas alla de avant-garde, sites.

This is my trans-border, trans-national, trans-cultural
simultaneous occupation.

Because it is not the same as tlazocamati ometeotl
versus tanto camote donde te lo meteo.

and fuck your "...thoughts and prayers"

Parvo Pets

"...we want to be sure to clarify that decolonization is not a metaphor. When metaphor invades decolonization, it kills the very possibility of decolonization; it recenters whiteness, it resettles theory, it extends innocence to the settler, it entertains a settler future. Decolonize (a verb) and decolonization (a noun) cannot easily be grafted onto pre-existing discourses / frameworks, even if they are critical, even if they are anti-racist, even if they are justice frameworks." — *Eve Tuck and K. Wayne Yang: "Decolonization Is Not A Metaphor"*

I am not Barco Renco, nor yate cojo.
I am not like the butcher's dog
watching the flesh and licking my chile.

I am your anxious influence,
the 'hood ballad syncopated
to the foote and meter
of east LA's nightly gun fire,
the double consciousness
of the affectionate post mota legalization
domesticated Mexican narco corrido.

I am the normalized, legalized,

docile gentefied entrepreneurial chiqui-narco.

I am not your barrio boy
with only silenced
interlingual middle class aspirations.

I am land-race-cultural-identity,
double conscious dispossession,
multi-foci, politically strong,
mythic TEK, TEK mem(ory),
linked across regurgitative cultural constructions
and identity formations
via code-switching and poly-lingualism.

I am authenticity bankrupt,
minerally extracted,
culturally castrated,
spiritually appropriated,
de-rancherized and
capado.

Much like the mystic question
of whether "huevos" taste different in Tibet?
The Himalayan lamas respond
that they taste the same.

I am not your impossible
doggie minority position
articul(i)ando by your internal colonialism.

The parvo pet hyped neo-postmodernity
and its marketing of "alterity"
that scrutinizes the erasure of minority discourses.

We will never experience reparations
that are historically, accountable,
and constructive spaces
from the inheritors of our stolen lands.

You perros and gatos can have
all the mythic memory corridos, boleros,
huapatecnos, neuve fandangismo,
post-legalization entrepreneurial
narco banda corridos.

Pendejo, don't fall for the mythic
literary cultural production
of products as a measure
of "authentic" identity;
through its evocation of universal
non-transcendental truths
tainted with pre-cuauhtemoc
and indigenous semiotics.

Perro, don't fall for the Kafkhian
waiting game at the gates
of literary greatness,
we are not weak
in universal strength,
we have no need
to bankrupt into essentialism,
and we can set the standard of greatness.

I am not your linear, single-stranded DNA (ssDNA).
We are beyond the binary gene construction.
We are beyond the NS1 replicator gene
and the viral capsid delivery.

We have abandoned
the pastoral apparatuses
of displaced egos
via the articulation
of Jungian archetypal elements
as the m.o. our organic moral dynamism.

We are the puercos
entrenched in our historical "chiqueros"
snotting myth as truth.
Wacaleando, "el observer critic";
the postmodern, alienated, critical,
suspicious of our tribalization,
our groundedness
in the lavaduras
of our literary production
and our mythic tzoquete.

Don't dismiss our doubly articulated semiotics,
the desencadenado proto-theory
of our singularity,
the irreducible,
polyvocality of our graffiti.

We are the choke-chain-collar masses
educated under the semiotic regime.
Like the Doberman te ladramos porque
te desconocemos,
en la noche, al mediodía and the morning.
Porque we have abandoned
the hegemony of the linguistic signifier.
We are perros ladrones
a la qua Spinozist with an ontology de ethology.

The perro that jettisons
the hegemony of the linguistic signifier
for organic agency of the visceral bite.

I am not Charles Boyer, nor voy a echarles.
I am not cacahuate Zacatecano, nor sacarte la caca del ano.
I am not El papa de Loretta John, nor el papayon de Loretta.

Because, it's not the same "Guns and Roses" vs.
rosas las guns.
If I was from Tula
I would be Tuleño.

Whelping Wetbacks

I am not Octavio Paz, Carlos Fuentes,
nor Juan Rulfo.
There is no labyrinth
of the unborn
in Comala.

Like all the Mexican ranchos
they are flesh drained
by the deterritorialization
of the north
with its need for Mexican flesh.

All the newborns
are in the migratory ghettos of America,

Flesh in car loads.
Flesh across the sweltering
sweating desolate deserts.
Flesh of manual labor.
Human sexually trafficked flesh
at $10,000 a carcass.

Semi trailer cargo containers
with sandwiched filled fleshed
with the side wall branding
of more than a truck load
of flesh, but a truckload of smiles.

Mexican Flesh al pastor, refried,
asada, cachetes, tripitas, buche,
and sautéed brains
in onions and chile de mi arbol.
Mexican flesh burritos estilo que mechas.

When I was little
they use to give me milk
from the Enfamil bote,
but now me lo sacan del garrote.

Don't fall for the phenomenological kernel
of religion, we call alterity,
as the structuralist being-in-the-world
renewed through chaos.

Don't be fooled

by the literary temporary autonomous zones (TAZ),
the ontological anarchy,
and the poetic terrorism;
in "land back".
There is no conducive,
creative environment
for the inter/trans/generational de-traumatization,
via taking stock,
letting go,
nurture or nourish,
or rise and shine,
a la Hakim Bey (Peter Lamborn Wilson).

The only TAZ, is in Puebla
donde entierran el camote.

The whelping litter
drawn from feminist philosophy
as a criticism of individualist
and rationalist perspectives .
suggests migration and immigration
beyond the internal colonial model
into contemporary class,
gender and animalization.
The colonial ethology
was compounded by the complexities
of social order based on gender, race,
and class differentiation.

Where el Mexic-ano prefers
class before race and the migratory hierarchy
of the color of money;
peni(s)nsular, white mexic-ano,

tu cri-ollos, mezlizos, and [c]omer-indios

The doggerel of the North,
Americ-ano privileges race before class;
preferring the pigmentation of money
perhaps oscillating between the Fitzpatrick
and the Bauman pig-mentation regimens.

But our dogged struggles
have always been tied
to land-race territory,
something understood
beyond the commons
of the "home range";
and scented by our
by biological pollution.

Everytime I see that
Don Lechon
Almond Dairy
drink, "Lala Entera",
I am reminded
of the blistering
California Central Valley
summers in Del-ano
where my father's
family used up
their Mexican flesh
raising almonds
for the Paramount Co.
so the owner's daughter
could be on the commercial
doing the quality control.

Don't be fooled, pendejo.
We been the beast of burden
since the days of Chicomoztoc,
embodied in our trans generational narratives,
marking geography, culture,
history, genetics, migration,
tradition, heritage, authenticity.
We are the Chichimecs, the dogs of the north,
as Rodolfo Acuña puts it "the fact that Chicanos
are indigenous to the Southwest; therefore,
if the Anglo-Americ-anos
don't like it, they could go back to from where they came" (1972)

With the gringos, we always
looking for a peace / piece
They want to pipe us
to get the gas from us.
Nos quieren meter un tubo
para sacarnos el gas.

So, you don't wrinkle,
don't ruin your green card,
please use our state of the art
protective accessory, please use mica mote.

Because it's not the same
to be a Chichimeco
vs. having mecos on your chichis.

Mythic Mammals

"A myth takes an insoluble problem and, rather than presenting a resolution, re-orders its elements into a parallel contradiction. Myths do not solve our problems or answer our questions – they simply transpose them onto another terrain."

"Everything happens as if the impasses inherent in the original situation moved to another point in the mythic network, as if what was not resolved here always turned up over there." (p.415). — LacanOnline.com, Owen Hewitson -. "Reading 'The Neurotic's Individual Myth' – Lacan's Masterwork on Obsession." LACANONLINE.COM, www.lacanonline.com/2013/09/reading-the-neurotics-individual-myth-lacans-masterwork-on-obsession/.

I am not Melon Gutierrez
nor Melambes Fierro.

If Melon and Melambes
wrote Chicano poetry
Melon, would hold the paper
and Melambes, the pencil.

The mythic mammal
articulates a genuine longing

away from the quantum vacuum of alienation.
The mythic mammal
that evokes
desires and manifests
a spiritual relationship
with the land,
the world,
and re-matriates humanity.

The mythic mammal constructs
and threads into ghostly apparitions
a cultural identity;
a self identity,
that dissolves into the fog
of quotidian life
through the colonial machinic assemblies
of enslavement via difference and differentiation.

Pulling the dogged threads
of Moyocoyani (the one that invents themselves),
from the mythic mammals of the past.
Remember, Quilaztli
kneeling on the volcanic rock metate,
grinding the mammal mythic bones,
from the underworld of Miquiztli.
When Quetzalcoatl fell on them
and crushed them when startled
by the whooping
of the Moctezuma quail (Cyrtonyx montezumae).

Where Quilaztli clapped
a mammal body from
corn and calcified bone meal.

Upon where Quetzalcoatl bled
his penis and consecrated humanity.

Positing Quetzalcoatl,
as the old adage that
Papito, your little thing,
should be called Bill Gates,
because it is asquerosamente rico.

We must yap a self invention,
we must think ourselves,
a self-definition that differentiates us from the pack.

> 'Man gave names to all the animals'.
> In this story Eve collaborates with the animals
> in undoing Adam's work:
> 'Most of them accepted namelessness
> with the perfect indifference
> with which they had so long
> accepted and ignored their names' (p. 195). —Ursula Le Guin

Ladrones,
somos out of necessity,
for naming ourselves.
We reclaim and reform an autochthonous
androcentric right to name and un-name.

We break the lateral restraints
to span the diachronic chasm
between archaic mythic cultural memory
and semiotic archetypal social leashes.

Large mammals
and loud weapons have
powerful psychological effect
on indigenous population,
but after the first encounters,
warriors saw their stone weapons
pierce through European armor,
horseflesh, and witnessed the inefficiency
of single-shot muskets.
These cultural advantages dissipated.
The genealogy of occupation
has been made with unmarked mass burials.

The mythic mammals died from disease,
draining the reservoirs of skills,
and know-how that sustained their culture.

Mythic memory died
with genes and biomass
(not all of it human)
across the Atlantic.

Our mythic memories only threaten
when they become visible,
they enunciate self-inscribed
and collective agency.

The mythic mammal asked
what happens if you cross
Dora the explorer
and the Spanish colonizers?
Mythic void echos: "Matadora"

Our scent stems from
Its symbols,
from the culture's experience
of the dominant society
defined in colonialist terms.

Our howling
is grounded in ritual,
both overt,
replicative of a communal rite
in its recognition
from the present
to the primitive past.

"Reflectionism" fails,
on four counts:
once, reducing mythic mammals
into non-dialectical experiences,
twice, decomposing mythic mammal bodies,
trice, limiting mythic mammals to single aspects,
and finally, choke chains the signifier/signified
violent system of repression.

Mythic memories' "Reflectionism"
represents a tyrannical
regimen of meaning,
functions in the same rationale
that "race", "heritage", "tradition" and "history."

Mythic memory
is pitted against the mythic mammal body.

The dogs of war

want to reinscribe
the signifier/signified
of mythic memory.
against specific cultural acts
of empowerment,
that mitigate social
and political economies.

Our scent marked practices
focus on ruptures implicit
on the re-inscription of mythic "memory."

We no longer need
to fight for universality.

If Melon and Melambes
hunted the plumed serpent
Melon, would pluck it
and Melambes, the serpent.

I am your xoloitzcuintli
quasi-shamanistic invocator
of agency and will
who ostensibly deploys
incantatory power.

The spade and neutering
of mythic memory
as ideology
distracts
from the latent untapped power
to disrupt,
something beyond the mythic body.

The mythic mammal coalesces masses
of mammal bodies doing stuff,
lots of work,
lots of war,
lots of building systems
and sometimes dismantling systems

The masa celebrates no unitary heroes or heroines.
The herd has no heroes.
The power of the mythic mammal is their body.

The ideology of "mythic memory"
distracts,
from mutualistic
or communal historical consciousness,
kneading masa
into mini taco tortillas.

If all you got is a tortilla,
a sope for the perro,
the real power of the many,
is as many as an organism
driven by a singular purpose
and if the only leverage left available
to you is to take up space,
that is still leverage;
you got more agency as a TORTILLA
than as an AMERICAN INDIVIDUAL.

If Melon and Melambes
made tortillas
Melon, would make memelas
and Melambes, el sope.

Guttural Glossia

> "Conquest is a process, not an event. Taking land is not simply a matter of signing a treaty or conducting a massacre. Elaborate ideologies and attendant practices are required – before, during, and after."
> — *Laura Pulido*

I am not Juan Cagaderra.
nor Johnny Chincas.

I am the observer / stranger
with a mythic pastiche identity
moving across your
orientalist folkloric imagination.

The guttural barking speech
with articulation
near the back of the oral cavity,
where they rascan tu garganta,
near the end of the classroom,
near the end of the gun barrel,
near the end of redline society,
near the end of the bus.

I am your "palo verde" Yaqui mythic
rumbling speech at the edges
of marginal society,
Where it's difficult to distinguish
place of articulation
and phonation.

The choke chain imprecise
sounds that are produced
relatively far back
in the vocal tract,
when a knee or forearm
is applied as a choke hold,
a neck restraint,
a conscious neck restraint,
and unconscious neck restraint;
"I can't breathe!"

The punitive carotid hold
followed by behavioral sublimating
ketamine injection
to induce dissociation,
and a knee to the neck
of excited delirium.

Excited delirium is like a ladrillo,
the same as a gritillo of a Perrillo!

Your canine cognitive dysfunction,
socially disoriented,
socially altered interactions,
social soiling,
random sleep-wake cycling,

trouble eating, finding water, food,
ODD (oppositional defiant disorder),
and repetitive, restless movements.

If only I had prayed to San Alejo
I wouldn't be so pendejo.

You see, I am
Chuqueando y perreando
my sideways CRIP walk
across textual terrains;
through hedonistic fantasmagoric rituals,
thanatos mass cultural dirges,
hyperreal symbolic misery,
shuffling postcolonial Mexican;
postmodern Gabacho discursive formations.

I am payaseando al Coyote Lupe Lastes
a sad Chicano clown,
often faded
on dithered brown skin,
something akin
to the jestering "smile now", cabron,
"cry later", puto;
gemelo clowns.
Signaling the semiotic misery
of erasing cause and effect.
Erasing the vendido instinct
hard to overcome
because of the adulterated free-rider nature
of your inverted conflict between loyalty and greed.

The stoic look behind the gafas (sun glasses)

while squatting against the wall,
meaning don't fuck with me weakness.
Smile now and cry later
mi glossia attitude
for the tough times in the 'hood.
The Chingado people's clown
telling you if you step up
be ready to gamble your life;
we's ready to gamble life.

We gamble against
the quiet architects of our miseries.
Minions who serve corporate power
and reshape political order
towards greater misery.

The cucaracha architects have chumped us,
making us march
from the feet of outrage
to the lap of sadness.

Stiegler's architects starve the lambs
into bleating submission.
Coyoteando corraliando with the seizure
of the symbolic by the industrial factory aesthetic
as spectacle and a weapon of economic war.
"Borders don't apply now.
East L.A. is everywhere. — Gronk"

Matenme a pedos que quiero morir cagado.

Radical Rabies

"To me, you have to declare yourself a Chicano in order to be a Chicano. That makes a Chicano a Mexican-American with a defiant political attitude that centers on his or her right to self-definition. I'm a Chicano because I say I am." — Cheech Marin

I am not "Juan Colorado",
nor "el aventurero".

Not even your cuaco
el Huracan!

We're pochteca,
border bandits,
perverting the master's language,
with our counter discourse.
Street corner discourse dealers.
The perverts undermining,
dismantling, sexploding
the discontinuous terrains
formed by a history
of exclusion and dispossession.

Chicanxs must be more

than a nonexistent function
of surplus of the symbolic,
more than impostors
over our reality.

This is our counter discourse
against the grain of oppression,
against mastery
against prestige
against expertise
against categorical stereotype enforcers
against the gatekeepers
with assumed agency
as tools of history,
and normative dominant signifiers.

I am not Roberto Gomez Bolaños,
nor Chespirito,
nor El Chavo del Ocho,
nor Chis Chas,
nor Chelelo,
not even Chabelo.

No soy tu grillada
de Cri Cri.

This is not performative "Les Misérables".
Not teatro campesino of the embodied self.

No rascuache payasadas
of solidarity performative agency,
struggling to guilt the overlords pathos.

While we possum play
the oppressed
and subaltern,
as a praxis maneuver to theorize
the futility of politics of empowerment.

The politics of empowerment
is already staged
the viewer is compelled
to assume that the scene
they witness is staged
for their eyes,
their gaze was included
in it from the very beginning.

The viewer is forced
to face desire
at work in their 'natural gaze'.

The problem with the "I"
is that the subject
identifies as pure gaze,
the abstract point
which gazes at others.

The hermeneutic grids,
beyond singularities
that we inflect,
are our pinche polyglossia
cs mi pinche power, putos.

"Marginality" saddles us
between the old and the post modern (pomo);

deploying operative pluralist Utopias
against radical heterotopias,
via the logic of exclusion
in the former
and singularity in the latter.
Liberal pluralism co-opts.
Pomo uses the "marginal"
for his or her own subversive potential.

While you feel you have
excluded us
from the "sleepy lagoon postmodern(pomo) party",
with insistence of inclusion,
via lexical differences,
we continue to highlight
the highly discontinuous,
textured terrain of cultural production.

The "pomo party" of alterity
renders invisible
the social mediation
and neutralizes
our sociocritical potential.

The albañiles,
like Manuel Labor,
ladrillo after ladrillo,
constructing identity,
culture, community,
against the "pomo" cartography.

Ay, Americo Paredes,
no soy el novillo prieto,

que se tiene que bajar de la barranca,
ni dominar.
We don't have to lose
our huevos
to keep our moral rectitude and certainty.
"In the old days it was so" (Paredes 1935).

We are old rucos,
we know the Janus head payaso,
"smile now, cry later",
strategies that simply appropriate,
re-marginalize the oppressed,
chavaleandolos como subjects
that form the sociohistorical margin.

When our continued existences,
our real infringes
the good housekeeping
and maintenance of your fantasy trauma.

We can finally do away
with allegorical staging
of your 'benevolent—sadism',
between our marginality
and the master complex.

Entice
jouissance of surplus signifiers,
etch-a-sketched on our ranflas.

Don't misunderstand,
this is not a case of naive
'reductionist' search

for the 'effective'
psychological foundation
of artistic fiction.

We are hopscotching
the predatory paradoxical impulse
toward revolutionary
deconstruction
and towards hard won
productions of meaning,
that disrupts social roles,
aids or precludes "gentefication".

The socioeconomic impoverishment
and exploitation of the community
where we convey something of the bravado.

My "gentefication",
as Chicanxs
configures minoritarian-nahualistic identity;
evolves beyond the conditions of mestizaje:
jettisons liberal humanist conjunctions,
melting pot enrichments,
self-inflicted violations,
reifications of conquests,
prescriptive fusions,
rejects poly-violence.,
embraces de-textualization.

Nuestro desmadre;
our motherese,
brings fresh voices
reinforcing multi generations

of Chicanxs fluency
that function to construct
barrios
ghettos
that transcends
geography,
time,
and employ specificity
of linguistic acts
to weave our DNA through the discursive
warps of localized speech-acts.

We are rabid rancheros
enunciating a strategy
between pomo,
postcolonial concerns,
and dominant normative
discursive formations.

We are in the meta(n)-commentary,
and meta(n)-arti-culacion,

The cultural identity
of outrage, sadness,
cynical humor,
wry discursive practices
traversing the borderlands.

The self implicit migration,
of the nomadic subject
always becoming "other",
escapes the structures
or discourses that history,

culture, society, and economics
binds to them
a particular territorialization.

No longer in Chicomoztoc,
the Seven Caves of Aztlan,
nor the archeological site
of "La Quemada", in Zacatecas, Mx.
nor the celestial Alta Vista observatory
located in Chalchuites, Mx;
AD100, located near the Tropic of Cancer,
one of the main astronomical
observatories in Mesoamerica.

Perfect observation
of the sun equinoxes
and solstices
as you mow leaves of grass
by the hills of Chapín,
Pedregoso and Picacho.

These migratory narratives
provide counter after images
that draw on history
and simultaneously interrogates it.

The xenophobia and genocides
produce the individual
as the migra agents of history,
shedding the helplessness
of racial blanching marks,
graphed from hot desert crossings,
the debilitating, dispossession

of economic and cultural servitude.

Now, the nomadic roach coach, "Aztlan"
that centers Chicanxs cultural
and political practices
can be found on any
main thoroughfare,
with their power obelisk
of propane tanks.

Always desiring,
our "lonches",
with the burrito mechas
with the nostalgic
glass bottle
of Coca Cola
(not aluminum can,
with the flipped cap,
not twist off),
with real sugar,
and bottled
in Mexico, only.

History destroys identity
prescribes reified narratives.

Leaving the lingering desire,
to re-mend history,
to reconnect,
to go back,
to an original moment.

The Yankee sterile, impersonal

cultural domination
over first nation bodies.

Not to linger
beyond death
on occupied territory,
to be finally buried
in itech notlaltzin,
tlalpachihui, ipan "Terra Nostra".

Seek out the voice
of the collective
at the threshold;
Tlalpachihui is to be embraced
by the earth,
like the 8 million from smallpox in 1520,
to the 15 million from
Salmonella enterica
known as Paratyphi C in 1545,
to the final collapse of 2 million in 1576.

We have survived
meaningless plays
of empty historical signifiers
or regimes of neoconservative reinscription.
Such is the rabies
that bites
and spreads
frothing radicalness
in the streets,
in the hearts,
and confrontations.

The mauling
of Don Juan Rodriguez' mastiffs,
suffers us
historically configured subjectivization,
moving incessantly towards
nonsymbolic and semiotic
anti-oedipal and nomadic frothing.

Our maña,
our rascuachismo,
our interpolation,
is the surplus-signifier "hystericized".

The Vorstellungsrepräsentanz
signifier that fills our collective void,
from the categorical lexical exclusion,
miss-representation,
and becoming the unspeakable.

We desire to move beyond
the paradox
of the Janus clowns,
hysteric and psychotic.

I am not your
inverse symmetrical counterpoint,
the contingent retroactive inversion,
not even your misrecognition
I do not perceive myself chosen by the big "Other".
No false contingent act of recognition
retroactively addressed
by the "Walter Mercados",
taking contingent coincidences

as obscure predictions
as proof that dominant discourses
are talking about me.

I am not Martin Cortes
nor Maria Jaramillo.
I am Coyote Lupe Lastes,
who opened an ayate burlap sack
of darkness,
it spread over the world.
Nahuales of the night
loved it.
The birds,
little animals
longed for tonatiuh (the sun).

They played a game
of Tlachtli (rubber ball game),
They won and helped Tonatiuh through
the underworld.
Even though
he crossed the border
some of the nahuales remained
undercover
and they would plague
macehuales forever.

If the macehuales
go from post(e)-moderno
to post(e)-colonial
ipso facto de cuardea
is for the trompo.

Filo de hilo
te rompo trompo
The structuralist transgression
is pre-baked in, like the desire
to cross borders.

If Melon and Melambes
where surplus signifiers,
Melon, te lo vacia
y Melambes, te lo llena.

II

en Español

No soy tu chihuahua

Perro Callejero

No soy Joaquín, José, Tiburcio, Elano o Max Camelo.
Soy tu pinche tlalollinqui (terremoto) y pesadillas rompedorras.
Soy todos los nombres latinos que no querían los españoles.
Los feos, que se encuentran en esos calendarios anuales de las carnicería
con arte barroco grecorromano de Caravaggio;
que mami trajo a casa con las "groserías".

¿Tu recuerdas? Pendejo. Los que tienen los nombres de los santos.
Cuando te dijeron que podías celebrar dos veces al año.
Un nombre, de algún pobre progenitor y otro para salvar tu alma.
Los santos olvidados del pasado San Jasmeo, San Casteabro,
San Goloteas de las Campanas.
Te acuerdas del cura que te ofreció
un gansito y una coca, San Buto el Grande.

No soy "El Chico temido del vecindario"
No busco huecos, ni pinche puentes.

Ni 'Chente tratando de "Volver, Volver",
tratando de volver a alguna propaganda mítica.
Soy un perro rabioso, baboseando en tu barrio.

Yo no soy tu
chavorruco transfronterizo posmoderno poscolonialista
Soy un pinche "chinga tu madre" bluesman
del delta migratorio de tus
abyecciones contaminadas con tus deseos encarnados.
Soy Simón Tolomeo,
el embaucador "niño meando" de las tribus del norte.

Soy el Coyotero, Lupe Lastes.
Mauyandote a Rebeca Gando.
No busco aterrirasarme,
este es mi territorio me-ando, buey.
No soy tu otro dialéctico,
no necesito tu tratamiento conductual dialéctico;
Puto, quiero vivir.....

Cachorro Juguetón

> "Tanto la descolonización como la abolición no buscan simplemente
> un resultado final. En cambio, son procesos creativos continuos: una
> imaginación de la vida más allá de las prisiones y el robo de la tierra".
> — Carlos Sepúlveda

Yo no soy Demetrio Sacarías Saturnino Fajardo,
ni meterlo sacarlo sacudirlo y guardarlo.
Mis palmaditas no comenzaron en 1960 ni en 1970;
Hemos estado Cuecuech-cuicando desde tiempos anteriores a Cuauhtémoc.
Como su nombre lo dice, las canciones de cosquillas, de poesía, de erotismo;
del doble sentido.
Este xolotl itzcuintli existe
desde los Tenochcas de Tenochtitlán.

Este cachorro se orina en tu diversidad
y deficiencia de terrenos críticos.
No estamos olfateando
un linaje directo a la panocha de Malitzin.
Nos han sembrado 25 millones,
no una gota especular de ADN ibérico.

"Somos transformados en la hierba de la primavera;
Nuestros corazones reverdecerán de nuevo
Y abrirán sus pétalos,
Pero nuestro cuerpo es como un rosal:
Hecha flores y luego se marchita."
—poema día de los muertos

No somos un pueblo de la diáspora
Estamos en nuestras patrias,
en territorio ocupado.
Exigimos más que reconocimientos de tierras.
Exigimos escrituras, cuotas simples,
tenencia conjunta, tenencia en común,
inquilinos por entero,
Propiedad única
y comunidad de bienes.

Este cachorro marcará territorio
con el único medio no violento que queda;
que aún no han sido despojado y ocupado,
nuestra propia contaminación personal.

Somos Cynomys Mexicanus,
hemos estado comiendo a través del
sedimento de yeso del Pleistoceno
haciendo tortillas desde entonces.

Hemos estado cerca de Tlazoltéotl
La antigua devoradora de inmundicias y excrementos.
a quien todos ustedes cariñosamente llaman "madre tierra".

Yo no soy Juan, melón y tierra
ni el que te lo en tierra.

Este perro no es tus excrecencias Americanas.
No soy más pobre, más primitivo
o hegemónico.
Yo no soy tu queso nacho.
Estoy más allá de mismismo, autoidentidad,
doble conciencia, folclórico,
post-pendejo, post-influenente,
nacoista, retro-tendencioso,
mas aya de vanguardismo, y sitios.

Soy transfronterizo, transnacional, transcultural
y de ocupación simultánea

Porque no es lo mismo tlazocamati ometeotl
versus tanto camote donde te lo meteo.

y a la mierda tus "...pensamientos y oraciones"

Mascotas Parvosas

"...queremos asegurarnos y aclarar que la descolonización no es una metáfora. Cuando la metáfora invade la descolonización, mata la posibilidad misma de descolonización; vuelve a centrar la blancura, reubica la teoría, extiende la inocencia al colono, entretiene un futuro colono. Descolonizar (un verbo) y descolonización (un sustantivo) no se pueden injertar fácilmente en discursos/marcos preexistentes, incluso si son críticos, incluso si son antirracistas, incluso si son marcos de justicia". — Eve Tuck y K. Wayne Yang: "La descolonización no es una metáfora"

No soy Barco Renco, ni yate cojo.
No soy como el perro del carnicero,
nomas mirando la carne y lamiendo me el chile.

Soy tu influencia ansiosa,
la balada del barrio sincopada
al pie y al metro
del tiroteo nocturno del este de Los Ángeles,
la doble conciencia
de la cariñosa legalización pos mota
la domesticación del narcocorrido mexicano.

Soy el
chiqui-narco emprendedor normalizado,
legalizado, dócil y gentil.

No soy tu chico de barrio
con aspiraciones silenciadas
de clase media interlingüística.

Soy de identidad basada
en una cultural local y terrestre,
de doble despojo consciente,
multifocal, políticamente fuerte,
mítico TEK, TEK mem(ori),
vinculado a través de construcciones culturales regurgentes
y formaciones de identidad
a través del cambio de código y el polilingüismo.

Soy bancarrota de autenticidad,
extraído de minerales,
castrado culturalmente,
apropiado espiritualmente
capado.

Al igual que la pregunta mística
de si los "huevos" saben diferente en el Tíbet.
Los lamas del Himalaya responden
que saben igual.

No soy tu posición minoritaria
articul(i)ando por tu colonialismo interno.

Las mascotas parvosas del exagerado neo posmodernidad
y su marketing de "alteridad"

que escudriña el borrado de los discursos minoritarios
Nunca viviremos reparaciones
históricamente responsables
de los herederos de nuestras tierras robadas.

Ustedes, perros y gatos pueden tener
todas las memoria míticas, corridos, boleros,
huapatecnos, nuevo fandangismo,
y corridos de banda
sobre la poslegalización empresarial
del narco-trafico.

Pendejo, no caigas en la mítica
producción cultural literaria
de productos como medida
de identidad "auténtica";
a través de su evocación de verdades universales
no trascendentales
precuauhtémoc
e indígena.

Perro, no caigas en el
juego de la espera Kafkiana a las puertas
de la grandeza literaria,
no somos débiles
en la fuerza universal,
no tenemos necesidad
de caer en el esencialismo
y podemos marcar la pauta de nuestra grandeza.

No soy tu ADN lineal de cadena sencilla (ssDNA).
Estamos más allá de la construcción de genes binarios.
Estamos más allá del gen replicador NS1

y la entrega de la cápside viral.

Hemos abandonado
los aparatos pastorales
de egos desplazados
a través de la articulación
de elementos arquetípicos junguianos
como la base de nuestro dinamismo moral y orgánico.

Somos los puercos
atrincherados en nuestros chiqueros históricos
moqueando el mito como verdad.
Wacaleando, "el crítico observador";
posmoderno, alienado, crítico,
desconfiado de nuestra tribalización,
de nuestro enraizamiento
en las lavaduras
de nuestra producción literaria
y de nuestro tzoquete mítico.

No descarten nuestra semiótica doblemente articulada,
la prototeoria del desencadenado
de nuestra singularidad,
lo irreductible,
polivocalidad de nuestro graffiti.

Somos las masas con collar de cadena
educadas bajo el régimen semiótico.
Como el Doberman te ladramos porque
te desconocemos,
en la noche, al mediodía y en la mañana.
Porque hemos abandonado
la hegemonía del significante lingüístico.

Somos perros ladrones
a la "qua" Spinozista con una ontología de etología.

El perro que desecha
la hegemonía del significante lingüístico
por la agencia orgánica del mordisco visceral.

No soy Charles Boyer, ni voy a echarles.
Yo no soy cacahuate Zacatecano, ni sacarte la caca del ano.
Yo no soy El papá de Loretta John, ni el papayon de Loretta.

Porque no es lo mismo "Guns and Roses"
que rosas las guns.
Si yo fuera de Tula
sería Tuleño.

Majados Paridos

"LASER tenía la intención de hacer la vida intolerable para las personas en sus propias comunidades hasta el punto en que abandonarían sus vecindarios o terminarían en prisión.   De esta manera, estos programas aplican los enfoques de "desgaste mediante la aplicación de la ley" y "autodeportación" que han sido durante mucho tiempo la base del tratamiento federal de los pueblos indígenas, así como la forma en que los gobiernos estatales y locales tratan a los migrantes". — K-Sue Park, "Nación de autodeportación", Harvard Law Review 132.7 (10 de mayo de 2019). como se cita en "Automatización del destierro". The Surveillance and Policing of Looted Land, automatingbanishment.org/.

Yo no soy Octavio Paz, Carlos Fuentes,
ni Juan Rulfo.
No hay laberinto
de nonatos
en Comala.

Como todos los ranchos mexicanos
son desalojados de cuerpos
por la desterritorialización
de El Norte

con su necesidad de carne mexicana.
Todos los recién nacidos
están en los guetos migratorios de América,

Carne en cargas de coche.
Carne a través de los desiertos desolados.
Carne de trabajo manual.
Carne humana sexualmente traficada
a $10,000 por cuerpo.

Contenedores de carga semirremolque
relleno de pulpa emparedada
de seres corporales
con la marca de la pared lateral;
de más de una carga de carne,
sino un camión lleno de sonrisas.

Carne Mexicana al pastor, refrita,
asada, cachetes, tripitas, buche y sesos salteados
en cebolla y chile de mi árbol.
Burritos de carne mexicana estilo que mechas.

No se deje engañar por el núcleo fenomenológico
de la religión, que llamamos alteridad,
la estructuralidad como el ser-en-el-mundo
renovado a través del caos.

Cuando era pequeño
me daban leche enfamil
del bote,
pero ahora me lo sacan del garrote.

No te dejes engañar

por las Zonas Autónomas Temporales Literarias (TAZ),
la anarquía ontológica,
y el terrorismo poético;
en tierra atrás.
No hay propicio,
entorno creativo
para la destraumatización inter/trans/generacional,
haciendo un balance,
de dejar ir,
sanar o nutrir,
o levantándote y brillando,
a lo Hakim Bey (Peter Lamborn Wilson).

El único ZAT, es como Puebla
donde te entierran el camote.

El parto extraído
de la filosofía feminista
como crítica a las perspectivas
individualistas y racionalistas
sugiere la migración y la inmigración
más allá del modelo colonial interno
hacia la clase y el género contemporáneos.
La experiencia colonial
se vio agravada por las complejidades
del orden social basado en la diferenciación
de género, raza y clase.

Donde el Mexic-ano prefiere
clase antes que raza y la jerarquía migratoria
del color del dinero;
pene(s)nsular, blanco mexic-ano,
tu cri-ollos, mezlizos, y [c]omer-indios

La cachorrada del norte,
Americ-ano privilegia la raza antes que la clase;
prefiriendo la pigmentación del dinero
tal vez oscilando entre el Fitzpatrick
y los regímenes de pigmentación de Bauman.

Pero nuestras tenaces luchas
siempre han estado atados
al territorio,
algo entendido
más allá de los comunes
del "área de hogar";
y perfumado por nuestra
contaminación biológica.

Cada vez que veo esa
bebida láctea, Don Lechón
de almendras, "Lala Entera",
me recuerda
de las ampollas
durante los ver-anos
del Valle Central de California,
ver-anos en Del-ano
donde la familia
de mi padre
agoto su carne mexicana.
Levantando almendras
para la Paramount Co.
para que después la hija del dueño
pudiera hacer un comercial
diciendo que ella hacía el control de calidad.

No te dejes engañar, pendejo.

Hemos sido la bestia de carga
desde los días de Chicomoztoc,
encarnado en nuestras narrativas transgeneracionales,
marcando la geografía, la cultura,
historia, genética, migración,
tradición, herencia, autenticidad.
Somos los chichimecas, los perros del norte,
como dice Rodolfo Acuña "el hecho de que los chicanos
son indígenas del suroeste; por lo tanto,
si el Anglo-Americ-anos
no les gusta, podrían volver de donde vinieron" (1972)

Con los gringos siempre
buscando una paz
nos quieren cagar
para obtener el gas de nosotros.
Nos quieren meter un tubo
para sacarnos el gas.

Entonces, que no se arrugue,
para que no se arruine su mica,
utilice nuestro accesorio
de protección.
Por favor, use "Mica Mote".

Porque no es lo mismo
ser Chichimeco
vs tener mecos en tus chichis.

Mamíferos Míticos

"Un mito toma un problema insoluble y, en lugar de presentar una resolución, reordena sus elementos en una contradicción paralela. Los mitos no resuelven nuestros problemas ni responden a nuestras preguntas, simplemente los transponen a otro terreno."

"Todo sucede como si los predicamentos inherentes a la situación original se trasladaran a otro punto de la red mítica, como si lo que no se resuelve aquí siempre apareciera allá". (pág. 415). —LacanOnline.com, Owen Hewitson-. "Leyendo 'El mito individual del neurótico' - La obra maestra de Lacan sobre la obsesión". LACANONLINE.COM, www.lacanonline.com/2013/09/reading-the-neurotics-individual-myth-lacans-masterwork-on-obsession/.

Yo no soy Melón Gutiérrez
ni Melambes Fierro.

Si Melón y Melambes
escribieran poesía chicana,
Melón, sostendría el papel
y Melambes, el lápiz.

El mamífero mítico
articula un genuino anhelo
de alejarse del vacío cuántico de la alienación.
El mamífero mítico
que evoca
deseos y manifiesta
una relación espiritual
con la tierra,
el mundo
y rematrimonia a la humanidad.

El mamífero mítico construye
y teje apariciones fantasmales
de una identidad cultural;
una identidad propia,
que se disuelve en la niebla
de la vida cotidiana
a través de las asambleas maquínicas coloniales
de la esclavitud a través de la diferencia y la diferenciación.

Tirando de los hilos obstinados
de Moyocoyani (el que se inventa a sí mismo),
de los míticos mamíferos del pasado.
Recuerda, Quilaztli
arrodillada sobre el metate de roca volcánica,
moliendo los huesos míticos mamíferos,
del inframundo de Miquiztli.
Cuando Quetzalcóatl cayó sobre ellos
y los aplastó al ser espantado
por el chillido
de la codorniz Moctezuma (Cyrtonyx montezumae).

Donde Quilaztli palmeó

un cuerpo de mamífero a partir de
harinas de maíz y huesos calcificados,
y sobre donde Quetzalcóatl sangró
su pene y consagró a la humanidad.

Postulando a Quetzalcóatl,
como el viejo adagio de que
Papito, tu cosita,
debería llamarse Bill Gates,
porque es asquerosamente rico.

Debemos ladrar una autoinvención,
debemos pensarnos a nosotros mismos,
una autodefinición que nos diferencie de la manada.

'El hombre puso nombres a todos los animales'.
En esta historia, Eva colabora con los animales
para deshacer el trabajo de Adán:
"La mayoría de ellos aceptaron el anonimato
con la perfecta indiferencia
con la que durante tanto tiempo habían
aceptado e ignorado sus nombres" (p. 195). —Ursula Le Guin

Ladrones,
somos por necesidad,
por nombrarnos.
Reivindicamos y reformamos un derecho autóctono
androcéntrico de nombrar y renombrar.

Rompemos las restricciones laterales
para salvar el abismo diacrónico

entre la memoria cultural mítica arcaica
y las ataduras sociales arquetípicas semióticas.

Los grandes mamíferos
y las armas ruidosas tienen
un poderoso efecto psicológico
en la población indígena,
pero después de los primeros encuentros, los
guerreros vieron cómo sus armas
de piedra perforaban la armadura europea,
la carne de caballo y fueron testigos de la ineficacia
de los mosquetes de un solo tiro.
Estas ventajas culturales se disiparon.
La genealogía de la ocupación
se ha hecho con entierros masivos sin marcar.

Los mamíferos míticos murieron a causa de la enfermedad,
agotando las reservas de habilidades
y conocimientos que sustentaban su cultura.

La memoria mítica murió
con genes y biomasa
(no toda humana)
al otro lado del Atlántico.

Nuestras memorias míticas solo amenazan
cuando se hacen visibles,
enuncian agencia auto inscrita
y colectiva.

El mítico mamífero preguntó,
¿Qué sucede si cruzas a
Dora la exploradora

y los colonizadores españoles?
Resuena el vacío mítico: "Matadora"

Nuestro olor proviene de
nuestros símbolos,
de la experiencia de la cultura
de la sociedad dominante
definida en términos colonialistas.

Nuestro aullido se basa en el ritual,
ambos abiertos,
réplica de un rito comunal
en su reconocimiento
desde el presente
hasta el pasado primitivo.

El "reflexionismo" falla,
por cuatro razones:
una, reduciendo los mamíferos míticos
a experiencias no dialécticas,
dos, descomponiendo los cuerpos de los mamíferos míticos,
tres, limitando a los mamíferos míticos a aspectos únicos,
significante/significado
y cuatro, por sistema violento de represión

El "reflexionismo" de las memorias míticas
tiránico, régimen funciona en la misma lógica
que "raza", "patrimonio", "tradición" e "historia".

La memoria mítica
se enfrenta al cuerpo mítico del mamífero.

Los perros de la guerra

quieren reinscribir
el significante/significado
de la memoria mítica.
contra actos culturales específicos
de empoderamiento,
que mitigan las
economías sociales y políticas.

Nuestras prácticas marcadas por el olor se
centran en las rupturas implícitas
en la reinscripción de la "memoria" mítica.

Ya no necesitamos
luchar por la universalidad.

Si Melón y Melambes cazaran
la serpiente emplumada
Melón, la despluma
y Melambes, la serpiente.

Soy tu xoloitzcuintle
cuasi-chamanista invocador
de agencia y voluntad
que ostensiblemente despliega
poder encantatorio.

La capada y la castración
de la memoria mítica
como ideología
distraen
del poder latente e inexplorado
de desbarata
algo más allá del cuerpo mítico.

El mamífero mítico fusiona masas
de cuerpos de mamíferos haciendo cosas,
mucho trabajo,
mucha guerra,
muchos sistemas de construcción
y, a veces, sistemas de desmantelamiento.

La masa no celebra héroes o heroínas unitarios.
La manada no tiene héroes.
El poder del mamífero mítico es su cuerpo.

La ideología de la "memoria mítica"
distrae,
de lo mutualista
de la conciencia histórica
amasando masa
en mini tortillas de taco.

Si todo lo que tienes es una tortilla,
un sope para el perro,
el verdadero poder de los muchos,
es tanto como un organismo
impulsado por un propósito singular
y si la única ventaja
que te queda es ocupar espacio,
eso sigue siendo una aventaja;
tienes más agencia como tortilla
que como individuo estadounidense.

Si Melón y Melambes
hicieran tortillas
Melón, haría memelas
y Melambes, el sope.

Glosia Gutural

> "La conquista es un proceso, no un evento. Tomar tierras no es simplemente cuestión de firmar un tratado o llevar a cabo una masacre. Se requieren ideologías elaboradas y prácticas concomitantes, antes, durante y después".
> —Laura Pulido

Yo no soy Juan Cagaderra.
ni Johny Chincas.

Soy el observador / extraño
con una identidad de pastiche mítico
moviéndose a través de su
imaginación folclórica orientalista.

El discurso de ladrido gutural
con articulación
cerca de la parte posterior de la cavidad oral,
donde te rascan la garganta,
cerca del final del salón de clases,
cerca del final del cañón de la pistola,
cerca del final de la sociedad empobrecida,
cerca del final del autobús.

Soy tu mítico palo verde Yaqui
discurso retumbante en los bordes
de la sociedad marginal,
donde es difícil distinguir
el lugar de articulación
y fonación.

La cadena del estrangulador imprecisa
sonidos que se producen
relativamente atrás
en el tracto vocal,
cuando una rodilla o antebrazo
se aplica como una llave de estrangulamiento,
una sujeción para el cuello,
una restricción de cuello consciente,
y sujeción del cuello inconsciente;
"¡No puedo respirar!"

La retención carotídea punitiva
seguido de sublimación conductual
atraves de inyección de ketamina
para inducir la disociación,
y un rodillazo al cuello
del delirio excitado.

El delirio excitado es como un ladrillo,
lo mismo que un gritillo de un perrillo!

Su disfunción cognitiva canina,
socialmente desorientado,
interacciones socialmente alteradas,
suciedad social,
ciclos aleatorios de sueño y vigilia,

problemas para comer, encontrar agua, comida,
ODD (trastorno negativista desafiante),
y movimientos repetitivos e inquietos.

Si tan solo le hubiera rezado a San Alejo
Yo no sería tan pendejo.

Ya ves, yo estoy
Chuqueando y perreando
mi danza de CRIP de lado
y a través de terrenos textuales;
a través de rituales fantasmagóricos hedonistas,
cantos fúnebres culturales masivos de tánatos,
miseria simbólica hiperreal,
barajeando el mexicano poscolonial,
formaciones discursivas posmodernas del gabacho.

Estoy payaseando al Coyote Lupe Lastes
un triste payaso chicano,
a menudo se desvaneció
en la piel morena teñida,
algo parecido
al bromista "sonríe ya", cabron,
"llorar después", puto; payasos gemelos.
Señalando la miseria semiótica
de borrar causa y efecto.
Borrando el instinto vendido
difícil de superar
debido a la naturaleza del parásito social
que adultera el conflicto
invertido entre la lealtad y la codicia.

La mirada estoica detrás de las gafas

mientras están en cuclillas contra la pared,
es decir, no me jodas debilidad.
Sonríe ahora y llora después
actitud de mi glosia
para los tiempos difíciles en el barrio.
El payaso del pueblo Chingado
diciéndote si te levantas
prepárate para jugar tu vida;
estamos listos para jugar la vida.

Apostamos en contra
los silenciosos artífices de nuestras miserias.
Secuaces que sirven al poder corporativo
y reformar el orden político
hacia una mayor miseria.

Los arquitectos cucarachas nos han apendejado,
haciéndonos marchar
de los pies de la indignación
al regazo de la tristeza.

Los arquitectos de Stiegler matan de hambre a los corderos
en balidos de sumisión.
Coyoteando corraliando con el decomiso
de lo simbólico por la estética de la fábrica industrial
como espectáculo y arma de guerra económica.
"Las fronteras no se aplican ahora.
El este de Los Ángeles está en todas partes. —Gronk"
Matenme a pedos que quiero morir cagado.

Rabia Radical

"Para mí, tienes que declararte chicano para ser chicano. Eso convierte a un chicano en un Mexico-americano con una actitud política desafiante que se centra en su derecho a la autodefinición. Soy chicano porque digo que lo soy". —Cheech Marín

No soy "Juan Colorado",
ni "el aventurero".

Ni tu cuaco
el Huracán!

Somos pochtecas,
bandidos fronterizos,
pervirtiendo el lenguaje del amo,
con nuestro contradiscurso.
Traficantes de discursos
en las esquinas de las calles.
Los pervertidos socavando,
desmantelando, sexplotando
los terrenos discontinuos
formados por una historia
de exclusión y despojo.

Los chicanxs deben ser más
que una función inexistente
de excedente de lo simbólico,
más que impostores
sobre nuestra realidad.

Este es nuestro contradiscurso
contra el grano de la opresión,
contra el dominio
contra el prestigio
contra la pericia
contra los ejecutores de estereotipos categóricos
contra los guardianes
con agencia asumida
como herramientas de la historia
y significantes dominantes normativos.

No soy Roberto Gómez Bolaños,
ni Chespirito,
ni El Chavo del Ocho,
ni Chis Chas,
ni Chelelo,
ni Chabelo.

No soy tu grillada
de Cri Cri.

No se trata de "Los Miserables" performativos.
No teatro campesino del yo encarnado.

No rascuache payasadas
de agencia performativa de solidaria,
luchando por culpar al patetismo de los amos.

Mientras finjimos como tlacuaches
a los oprimidos
y subalternos,
como una maniobra de praxis para teorizar
la futilidad de las políticas de empoderamiento.

La política de empoderamiento
ya está escenificada,
el espectador se ve obligado
a asumir que la escena
que presencia está escenificada
para sus ojos,
su mirada estuvo incluida
en ella desde el principio.

El espectador se ve obligado
a enfrentarse al deseo
en acción en su 'mirada natural'.

El problema del "yo"
es que el sujeto se
identifica como pura mirada,
el punto abstracto
que mira a los demás.

Las grillas hermenéuticas,
más allá de las singularidades
que desviamos,
es nuestra pinche polyglosia
es mi pinche poder, putos.

La "marginalidad" nos ensilla
entre lo viejo y lo posmoderno (pomo);

desplegando utopías pluralistas operativas
frente a heterotopías radicales,
a través de la lógica de la exclusión
en lo primero
y de la singularidad, en lo segundo.
El pluralismo liberal coopta.
"Pomo" usa lo "marginal"
para su propio potencial subversivo.

Si bien siente que
nos ha excluido de la "fiesta posmoderna (pomo) del caso,
'Sleepy Lagoon'",
con la insistencia de la inclusión,
a través de diferencias léxicas,
continuamos destacando
el terreno altamente discontinuo y
texturizado de la producción cultural.

El "pomo party" de la alteridad
invisibiliza
la mediación social
y neutraliza
nuestro potencial sociocrítico.

Los albañiles,
como Manuel Labor,
ladrillo tras ladrillo,
construyendo identidad,
cultura, comunidad,
frente a la cartografía "pomo".

Ay, Americo Paredes,
no soy el novillo prieto,

que se tiene que bajar de la barranca,
ni dominar.
No tenemos que perder
los huevos
para mantener nuestra rectitud y certeza moral.
"Antes así era" (Paredes 1935).

Somos viejos rucos,
conocemos el payaso cabeza de Jano,
"sonríe ahora, llora después",
estrategias que simplemente se apropian,
re-marginan a los oprimidos,
chavaleandolos como sujetos
que forman el margen socio histórico.

Cuando nuestras existencias continúan,
nuestra realidad infringe
el buen manejo
y mantenimiento de su trauma de fantasía.

Por fin podemos acabar
con la escenificación alegórica
de su 'sadismo-benévolo',
entre nuestra marginalidad
y el complejo del amo.

Seducir
goce de los significantes excedentes,
grabados a mano en nuestras ranflas.

No me mal interpretes,
no es una búsqueda ingenua,
de un eficaz fundamento psicológico

de nuestra ficción artística.

Estamos esquivando
el impulso paradójico depredador
revolucionaria deconstrucción
y hacia producciones de significado
ganadas con esfuerzo,
que alteran los roles sociales,
ayudan o impiden la "gentificación".

El empobrecimiento socioeconómico
y la explotación de la comunidad
donde transmitimos algo de la bravuconearía.

Mi "genteficación",
como Chicanxs
configura una identidad minoritario-nahualista;
evoluciona más allá de las condiciones del mestizaje:
desecha las conjunciones humanistas liberales,
los enriquecimientos del crisol,
las violaciones autoinfligidas,
las reificaciones de las conquistas,
las fusiones prescriptivas,
rechaza la poli violencia,
abraza la des-textualización.

Nuestro desmadre;
nuestra maternalismo,
trae voces frescas
refuerzan la fluidez de múltiples generaciones
de Chicanxs,
funcionan para construir
barrios / guetos que trascienden el

tiempo geográfico,
y emplean la especificidad
de los actos lingüísticos
para tejer nuestro ADN a través de las
urdimbres discursivas de los actos de habla local.

Somos rancheros rabiosos
enunciando una estrategia
entre el "pomo",
las preocupaciones poscoloniales
normativas dominantes
formaciones discursivas

Estamos en el meta(n)-comentario,
y la meta(n)-arti-culación,

La identidad cultural
de la indignación, la tristeza,
humor cínico,
prácticas discursivas irónicas que
atraviesan las fronteras.

La automigración implícita,
del sujeto nómada
siempre convirtiéndose en "otro",
escapa a las estructuras
o discursos que la historia,
la cultura, la sociedad y la economía
les vinculan a
una determinada territorialización.

Ya no en Chicomoztoc,
las siete cuevas de Aztlán,

ni la zona arqueológica
de "La Quemada", en Zacatecas, Mx.
ni el observatorio celeste de Alta Vista
ubicado en Chalchihuites, Mx;
AD100, ubicado cerca del Trópico de Cáncer,
uno de los principales
observatorios astronómicos de Mesoamérica.

Perfecta observación
de los equinoccios
y solsticios
mientras cortas el pasto
por los cerros de Chapín, Pedregoso y Picacho.

Estas narrativas migratorias
proporcionan un contador tras una imagen
que se basa en la historia
y al mismo tiempo la interroga.

La xenofobia y los genocidios
producen al individuo
como los agentes migratorios de la historia,
despojándose del desamparo
de las marcas de escaldado racial,
graficadas desde las travesías del desierto caliente,
el debilitamiento, el despojo
de la servidumbre económica y cultural.

Ahora, "loncheras" nómadas, con nombre "Aztlán",
que centra las prácticas culturales
y políticas
se puede encontrar en cualquier
vía principal,

con su poderoso obelisco
de tanques de propano.

Siempre deseando,
nuestros "lonches",
con los burritos mechas
con la nostálgica botella
de Coca Cola de vidrio
(con corcholata),
con azúcar de verdad,
y embotellada
en México, únicamente.

La historia destruye la identidad
prescribe narraciones cosificadas.

Salir del deseo persistente,
de remendar la historia,
de reconectar,
de volver,
a un momento original.

La ecología yanqui
estéril e impersonal
con su dominación cultural
sobre los cuerpos de las primeras naciones.

La nostalgia
de no permanecer
más allá de la muerte
en territorios ocupados,
para finalmente ser enterrado
en itech notlaltzin,

tlalpachihui, ipan "Terra Nostra".

Busque la voz
del colectivo
en el umbral;
Tlalpachihui significa ser abrazado
por la tierra,
como los 8 millones de viruela en 1520,
los 15 millones de
Salmonella enterica
conocida como Paratyphi C en 1545,
hasta el colapso final de 2 millones en 1576.

Hemos sobrevivido
juego sin sentido
de vacíos significantes y histórico
o una reinscripción neoconservadora
de los regímenes.

Tal es la rabia
que muerde
y cunde
espumante radicalidad
en las calles,
en los corazones
y en los enfrentamientos.

El vapuleo
de los mastines de Don Juan Rodríguez,
nos sufre una subjetivación históricamente configurada,
moviéndose incesantemente hacia
un espumar anti edípico y nómada no simbólico ni semiótico
.

Nuestra maña,
nuestro rascuachismo,
nuestra interpolación,
es el plus-significante "histerizado".

El significante Vorstellungsrepräsentanz
que llena nuestro vacío colectivo,
desde la exclusión léxica categórica,
des-representación
y el devenir indecible.

Deseamos ir más allá
de a paradoja
de los payasos Janos,
histérico y psicótico.

No soy tu
contrapunto simétrico inverso,
la inversión retroactiva contingente,
ni siquiera tu desconocimiento.
No me percibo elegido por el gran "Otro".
Ningún falso acto contingente de reconocimiento
abordado retroactivamente
por los "Walter Mercados",
tomando las coincidencias contingentes
cómo oscuros vaticinios
como prueba de que los discursos dominantes
hablan de mí.

Yo no soy Martín Cortés
ni María Jaramillo.

Soy Coyote Lupe Lastes,

que abrió un saco maicero de yute
lleno de oscuridad,
lo esparció por el mundo.
A los nahuales de la noche
les encantó.
Los pájaros,
animalitos
anhelaban tonatiuh (el sol).

Jugaron un juego
de Tlachtli (juego de pelota de goma),
contra el huehuecoyotl;
ganaron y ayudaron a Tonatiuh a atravesar
el inframundo.
A pesar
de que cruzó la frontera,
algunos de los nahuales permanecieron
encubiertos
y plagaron a los
macehuales (plebes) para siempre.

Si los macehuales
pasan de post(e)-moderno
a post(e)-colonial
ipso facto la cuerda
es para el trompo.

Filo de hilo
te rompo trompo
la transgresión estructuralista
está precocida, como el deseo
de traspasar fronteras.

Si Melón y Melambes son
significantes sobrantes,
Melón, te lo vacía
y Melambes, te lo llena.

About the Author

Tezozomoc is a Los Angeles Chicano Essayist, Poet and 2009 Oscar Nominated Activist, internationally published and has been published by Floricanto Press, "Gashes!: Poems and Pain from the halls of injustice", a collection of poetry, ISBN-13: 978-1951088040, 9/2019. Featured nationally and internationally across zoom open virtual mics. Published in the following journals/anthologies: 2021 Boundless Anthology, 1/20/2022, MacroMicro-Cosm, Healing Hands, Vol 7 Issue #3, BC, Canada, 4/15/2021, Rigorous Journal, 9/21/2020, Red Earth Productions & Cultural Work, 12/17/2019, Underwood Press, 9/9/2019, Mom Egg Review, Los Angeles Poets for Justice, 03/15/2021, I Can't Breathe, A Social Justice Literary Magazine, 8/20/2020, The Oddball Magazine, 06/19/2019. Spitpoetzine, Volume 6, 6/15/2019. The Silver Stork, silverstorkmagazine.weebly.com/, 2018. Campanella, Nick. "The 2018 Winter Issue of Come and Go Literary Is Finally Here." *Come and Go Literary*, 15 Dec. 2018. The Blue Nib (https://thebluenib.com/, 2017). The Coiled Serpent: Poets Arising from the Cultural Quakes and Shifts of Los Angeles Paperback (ISBN: 9781882688524, Northwestern University Press, 2016), Men's Heartbreak Anthology (Karineh Mahdessian, 2014), CrazyQuilt (San Diego, CA), Rhino (Chicago, IL), Mind Matters Review (Silver Spring, MD), Left Curve (Oakland, CA), Next Phase (Parker, Co.), Minotaur Press (San Francisco, CA), San Fernando Poetry Journal (San Fernando CA), Caffeine, which prints 15,000 copies and is given away free, Orchard (Santa Cruz, CA), Poet's Sanctuary (out of Washington), Black Buzzard Press (Virginia),Dance of the Iguana, The Americas Review, La Hoja, Louder Than Bombs, Orale!, Tight (Guerneville, CA),

(Untitled) (Southgate California), and ChupaRosa Writer's '93. In the above magazines I had a total of 36 poems published. Tezozomoc is a Huffington Post blogger under http://www.huffingtonpost.com/tezozomoc where he blogs about activism and food issues. Tezozomoc has an academic chapter in Mexican-Origin Foods, Foodways, and Social Movements: A Decolonial Reader Edited by Devon G. Peña, Luz Calvo, Pancho McFarland, and Gabriel R. Valle ISBN: 978-1-68226-036-4, "Chapter 11

Fragmentary Food Flows: Autonomy in the "Un-signified" Food Deserts of the Real". Winner, 2018 ASFS (Association for the Study of Food and Society) Book Award, Edited Volume.

Tezozomoc has published essays in Urban Future Manifestos produced by the MAK Center (2010, ISBN 978-3-7757-2731-0). Tezozomoc's work also includes academic essays on Nahuatl indigenous languages please see the following: http://jan.ucc.nau.edu/~jar/TIL_7.html which was published as a chapter in Teaching Indigenous Languages, 1997. Tezozomoc is national and international regular guest speaker at conferences; Agrarian Trust (2016, Santa Fe), Green Festival, Braiding the Sacred, Seed and Food Sovereignty, and international gathering of Voices of Maiz (2016).

You can connect with me on:

🌐 https://www.amoxcalco.com

📘 https://fb.com/gashes2019

Subscribe to my newsletter:

✉ https://www.tezozomoc.org

Also by Tezozomoc

 **Gashes!: Poems and pain from the halls of injustice.**
The most valuable poets are those who "speak truth to power" because they are able to serve as the "theorists" of grassroots social movements. Their aim is not to describe the nature of injustice but to challenge oppressive regimes by celebrating the creativity and inventiveness of the people in struggles. They are word warriors whose work can help us remake a ravaged world where the value of everything is set by market price and in doing so move toward the many worlds comprised of freely associated beings who are grounded in autonomous Indigenous spaces.

This book of 35 poems by food sovereignty activist and xicanx philosopher, Tezozomoc, opens with a poem ("They Beat Us") that ends with these lines:America!you keep beating me for being brownfor wanting democracy for competingfor asking you to accept me!

Made in United States
Troutdale, OR
12/01/2023

15194344R00056